U0074420

作文一點靈

小學作文得分三大招

CONTENTS

第二招 作文彩妝師——摹寫

第三招 作文藝術師——修辭

附錄

【推薦序】 讓創意為寫作加分

在中小學教育現場的老師們，大都有這樣的感受：國語文課程的時間不斷被壓縮，能用來教作文的時間很少。在這樣的情況下，老師們不是努力擠出一些時間讓學生練習，就是得透過適當的教材輔具，讓學生的學習更有效率。廖老師這本新作《作文一點靈》，就是這種想法之下的美好產物。

筆者從事作文教學已十多年，並於數十所學校（小學至研究所）演講與指導師資，能夠體會作文不只存在教學上的難度，還有課堂上的考量。身為老師，設法讓孩子透過觀察、思考、表達的培養，進而寫出優良的作品，對我一直是個挑戰。同樣，廖老師用心思考能帶著走的作文技巧，並透過淺顯易懂的方式及有趣的學習單，讓老師有授課的參考、學生能有效地學會寫作，正符合目前的需求。

本書在結構上，分成「第一招　作文魔術師——聯想力」、「第二招　作文彩妝師——摹寫」、「第三招　作文藝術師——修辭」三個部分，分別從「聯想力」、「摹寫」、「修辭」三個角度談寫作的方法。「聯想」是人類思考行為中相當重要的活動，本書在「聯想力」的招式中，透過數字、注音符號、圖形、情境等等不同的方式，替我們示範了語文中聯想力的運用。

「第二招　作文彩妝師——摹寫」，則從五官著手，引導我們對身體感官細膩的觀察與體會後，再具體地將主觀的感受描寫出來，透過對事物鮮明的描述，讓讀者能夠感同身受，深受感染。在教學上，老師指導正在基礎階段的小學生，理解各種不同感官的感受並表達出來，就得多多利用圖片、音樂、影像與體驗的方式，本書提供了簡單易學的方法。

在「第三招　作文藝術師——修辭」中，為我們介紹了十種常用的修辭手法。修辭是讓文章變得鮮活的重要元素，是修飾文辭的方式，只要能靈活應用，作文自然會增色不少。根據筆者對基測、會考、學測、指考長期研究的心得，其中「譬喻」、「誇飾」、「擬人」是最常出現在滿分樣卷的修辭，如果同學熟練地運用這些修辭、發揮創意，就可以為語文打下基礎，為文章加分。

寫作能力的培養，沒有速成的方法，卻有深耕的招式，我們只能由簡而繁，由模仿到創新，不斷地努力前進。多年來，筆者從事語文教育、撰寫相關書籍與鑽研寫作技巧，深知要改變學生的國語文能力，最好的方式就是從基礎教育著手，而基礎教育就是在啟發創意。這本《作文一點靈》正提供給學子們奠定基礎、啟發創意的良方！

語文教育作家、專欄作家 高詩佳 老師

【推薦序】　寫作真善美

在一個資訊領導潮流的時代，手寫的感覺相對的式微，不僅文字的熟稔度日益生疏，連要寫一個詞、一段話、一篇文章，都可能讓孩子視為上刀山下油鍋的苦差事。

恰巧這次，很榮幸承蒙文毅老師的愛戴，願意讓我為此寫序，站在一個熱愛語文教學者的立場，我當然要加以推薦。一來，作文是溝通表達的基礎，它牽涉到的，不單只是文字的表現，而是情感的流露、組織的鋪陳與內在思想的傳遞，而這些都是現代學子亟待學習且加以培養的；二來，作文做為語文教育的一環，它的重要性固然不可言喻，更應該成為每位老師與學生必備的能力，舉凡創作、欣賞、批判、評論，甚至只是單純的學生作文，都該有一個基本的認知。

文毅老師任教於小學現場，深知如何運用不同的手法來進行作文的教學；在這本書中，文毅老師從不同的修辭技巧、聯想策略，對寫作做穿針引線的功夫；有老師的示範，也有學生的仿作，這樣反覆精熟的學習，也建構了所謂學習遷移的歷程；除了讓學生逐步熟習，更讓學生知道，寫作除了「骨」之外，尚須「肉」的修飾，方能走出美感，進而臻於成熟。

綜觀現在的作文教學，許多都是老師給一個命題式作文，便放手讓學生「自生自滅」，也無怪乎學生學得興致索然，老師也改得搖頭嘆氣，似乎全都陷於哀鴻遍野的雙輸泥淖裡。作文寫起來要有「fu」，就該有情境的營造，可以是倘佯於戶外，可以是全班集思廣益，可以是老師的活化教學，總之，作文不同於一般的學科，便在於他的延展性、開放性與創造性。當意識奔放時，自然就有靈感為文，而藉由靈感的滲透，自然妙筆生花，幻化出字句動人的篇章。

文毅老師的《作文一點靈》，為我們的作文教學，指引了正確的方向，為孩子學習需求，點燃了渴望的動機。我們期許，孩子在寫句子、寫作文時，能夠有多一些的情懷，少一些的無感，那麼，我相信孩子便能慢慢觸摸到寫作的溫度，揮灑出生命的真善美。

高雄市政府教育局國語文領域國教輔導團
林彥佑　老師

【自序】 作文得分三大招

繼《童詩一點靈》深獲讀者喜愛後，筆者再推出《作文一點靈》，期望對小讀者們的語文能力提升有所助益。

這是發表於〈大紀元時報〉「教育園地」版的作文教學法，也是筆者訓練學校「深耕作文班」的實用教材，特別針對「**聯想力**」、「**摹寫**」與「**修辭**」三部份強化訓練，希望透過「聯想力」拓展視野；透過「摹寫」具象描繪；透過「修辭」強化內涵。如此循序漸進，三面進擊，必能讓作文更有可看性。

本書以三大招式讓作文強迫得分。第一招是作文的魔術師—「聯想力」，透過豐富聯想力的強化訓練，進行橫向與縱向的聯結，讓學生能舉一反三，有自己的創見而非完全抄襲；第二招是作文的彩妝師—「摹寫」，獨立於修辭學之外，加強學生對事物的主觀感覺，透過個人的身體感官（視、聽、嗅、味、觸）加以細膩觀察，具體描寫，使讀者產生強烈共鳴；第三招是作文的藝術師——「修辭」，它就像菜餚裡的調味料一樣，為美食佳餚提鮮，全面在作文的內容上凸顯優勢，分出高下，產生極大的加分效果。

開頭的「熱身區」加上「作文小幫手——標點符號」教學，參考教育部《重訂標點符號手冊》修訂版，是因為現在許多小學生的作文標點符號運用不夠理想，常常文意不通順或詞不達意，《國語日報》在〈好文章檢驗指標〉一文中的第一項說道：「文章有了標點符號，除了區分文意，也有表情達意的效果。」作文比賽的評分標準也都會把標點符號列入選項之一，可見標點符號雖是基礎功，卻絲毫馬虎不得。

作文是一個國家的軟實力，在中文逐漸抬頭及聯考加考作文的趨勢下，從小學好作文將是現在教育界不可避免的焦點課題。

熱身區

作文小幫手——標點符號

小朋友，你認識標點符號嗎？標點符號是一種神奇的東西，可以把你寫好的文章，適當的加以標註，充分的發揮你所要表達的意思。以下介紹最常用的十三種標點符號，學會了可會讓你的作文基本功加分喔！

一、句號（。）

用法：用在一個意義完整文句的後面，無論句子長短，當它意思已經充分表達之後，就可使用。

例子一：請你幫我買一份早餐。

例子二：一分耕耘，一分收穫。

造句：______________________

____

二、逗號（，）

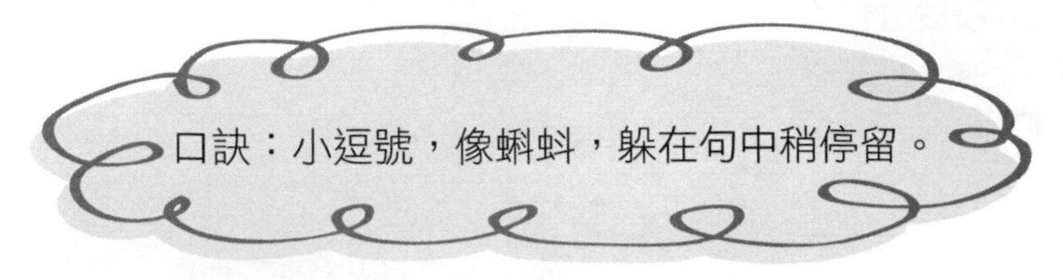

用法：「逗」是暫時停留的意思，「逗號」就是表示句中的停頓。

例子一：如果颱風不來，明天我們就可以出國旅行。

例子二：現代的手機，真是神通廣大。

造句：________________________________

____

三、頓號（、）

用法：表示文章中並列在一起的同類的詞或詞組中間的停頓。

例子一：喜、怒、哀、樂、愛、惡、欲，叫做「七情」。

例子二：我們的憲法精神是要建立一個民有、民治、民享的現代化民主國家。

造句：＿＿＿＿＿＿＿＿＿＿＿＿＿＿＿＿＿＿＿＿

＿＿＿＿＿＿＿＿＿＿＿＿＿＿＿＿＿＿＿＿

四、分號（；）

用法：在一個句子裏，如果有幾個並列的分句，就要用分號隔開。

例子一：鯨魚是獸類，不是魚類；蝙蝠是獸類，不是鳥類。

例子二：「勤勞」能幫助農夫，使他收穫豐富；幫助商人，使他貨物暢銷；幫助學生，使他成績優良。

造句：＿＿＿＿＿＿＿＿＿＿＿＿＿＿＿＿＿＿＿＿

＿＿＿＿＿＿＿＿＿＿＿＿＿＿＿＿＿＿＿＿

五、冒號（：）

用法：表示句中較大停頓，常用在對話前面和書信第一行的稱呼的後面。

例子一：我們讀書的時候，應該注意四件事：眼到、口到、手到、心到。

例子二：俗話說：「活到老，學到老。」

造句：____

____

六、引號（「」、『』）

用法：標明說話、引語、專有名詞或特別用意的符號，一般引用時用單引號（「」），如引用中又加其他引用時，則用雙引號（『』）。

例子一：我問他：「你有什麼看法？」他回答：「我沒有意見。」

例子二：胡適先生說：「為學當如金字塔，要能廣大要能高。」

造句：______________________________

____

七、夾註號〔甲式（　）；乙式——〕

用法：用來標明句中解釋和補充說明的話。

例子一：爺爺出生於民國十五年（西元一九二六年）二月十五日。

例子二：元宵節——亦稱上元節、燈節——除了提燈籠外，吃湯圓也是習俗之一。

造句：＿＿＿＿＿＿＿＿＿＿＿＿＿＿＿＿＿＿＿＿

＿＿＿＿＿＿＿＿＿＿＿＿＿＿＿＿＿＿＿＿

八、問號（？）

用法：標明疑問性質的符號，表示懷疑、發問、反問或驚訝語氣。

例子一：你這樣幫助我，我應該如何謝謝你呢？

例子二：他平常那麼用功，怎麼可能考不到好學校？

造句：＿＿＿＿＿＿＿＿＿＿＿＿＿＿＿＿＿＿＿＿

＿＿＿＿＿＿＿＿＿＿＿＿＿＿＿＿＿＿＿＿

九、驚嘆號（！）

用法：用在讚嘆、歡喜、興奮、激進的句子的句尾。

例子一：這次的考試，我每科都考滿分耶！

例子二：老天爺保祐！颱風千萬不要來啊！

造句：＿＿＿＿＿＿＿＿＿＿＿＿＿＿＿＿＿＿＿＿＿＿＿＿

＿＿＿＿＿＿＿＿＿＿＿＿＿＿＿＿＿＿＿＿＿＿＿＿

十、破折號（——）

用法：可以引出說明的語句，也可以表示句子意思突然轉折。

例子一：一年有四季——春、夏、秋、冬。

例子二：我們正要出去玩——哇，怎麼下起大雨了！

造句：＿＿＿＿＿＿＿＿＿＿＿＿＿＿＿＿＿＿＿＿＿＿

＿＿＿＿＿＿＿＿＿＿＿＿＿＿＿＿＿＿＿＿＿＿

十一、刪節號（……）

用法：用在節略原文，或語氣沒有完結的符號。

例子一：我昨天去動物園參觀，看到的動物有獅子、老虎、大象……等。

例子二：「噹噹噹……」上課鐘聲響了，大家快進教室準備上課。

造句：______________________________

____

十二、書名號（﹏﹏）

用法：不僅是標出書籍名稱的符號，還是標出報刊、文件、文章、戲劇、歌曲、詩詞等文藝作品的名稱。使用書名號時，直行標在書名左邊，橫行標在書名之下，書寫長度與名稱齊。

例子一：我最喜歡看的報紙是國語日報。

例子二：思想起這首臺灣民謠很好聽。

造句：＿＿＿＿＿＿＿＿＿＿＿＿＿＿＿＿＿＿＿＿

＿＿＿＿＿＿＿＿＿＿＿＿＿＿＿＿＿＿＿＿

十三、專名號（私名號）（____）

用法：標示人名、地名、國名、種族名、機構名等專有名詞的符號。（位置擺法同「書名號」）

例子一：國父 孫中山先生是建立中華民國的一代偉人。

例子二：蘇花公路是一條國內外聞名的高難度開鑿公路。

造句：______________________________

____

第一招
作文魔術師——聯想力

有人說：「作文就是聯想的遊戲。」沒有豐富的聯想力，就寫不出精采的好文章，所以聯想力的訓練在國小作文教學上就顯得格外重要。「聯想力」的潛能開發，可以從簡單的「聯想遊戲」開始。

一、數字的聯想

關於數字聯想力的開發，傳統有一首兒歌〈手指謠〉，就是很好的切入點：

1什麼1呀？～鉛筆1；2什麼2呀？～天鵝2；
3什麼3呀？～耳朵3；4什麼4呀？～帆船4；
5什麼5呀？～鉤鉤5；6什麼6呀？～大肚6；
7什麼7呀？～枴杖7；8什麼8呀？～雪人8；
9什麼9呀？～大頭9；10什麼10呀？～一根棍子打棒球。

請小朋友以此為範本，仿作另一首自編的〈手指謠〉，並以吟唱的方式與同學分享。試舉學生作品如下：

1什麼1呀？～筆芯1；2什麼2呀？～鴨子2；
3什麼3呀？～蝴蝶3；4什麼4呀？～國旗4；
5什麼5呀？～魚鉤5；6什麼6呀？～哨子6；
7什麼7呀？～門把7；8什麼8呀？～眼鏡8；
9什麼9呀？～氣球9；10什麼10呀？～一根桿子揉麵團。（虞家和）

兒歌是小朋友最喜歡，也是最容易朗朗上口的教材，若能配合畫圖，把兒歌中所描寫的具體物品畫出來，就成了一篇圖文並茂的創作喔！

作文一點靈學習單

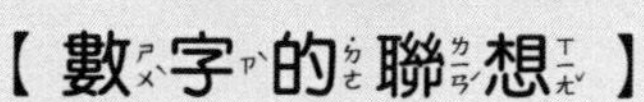

【數字的聯想】

班級：＿＿＿＿年＿＿＿＿班　姓名：＿＿＿＿＿＿

家長簽名：＿＿＿＿＿＿

各位小朋友，阿拉伯數字人人會寫，但你可曾想過它們看起來像什麼？請運用你的想像力，把它們寫下來，並畫出來。

數字	像什麼？	畫下來
0		
1		
2		
3		

4		
5		
6		
7		
8		
9		
10		
11		
66		

二、注音符號的聯想

注音符號的制定已有百年歷史，具有強烈的符號意義，是學習國字的重要拼讀工具，也是練習聯想力的好材料。

學習單設計可隨意取約十個注音符號，用它的外形作為想像標的，先具體想出一個與它相關的字或語詞（直接聯想），然後根據這個字或語詞再想出另一個字或語詞（間接聯想），最後將兩個語詞聯合造句，這樣的練習既有趣又有學習效果。

學生的練習成果充滿了想像力，例如：

ㄇ的直接聯想有：門、鍋蓋、蹲馬步等。

ㄈ的直接聯想有：字典、把手、窗戶等。

ㄍ的直接聯想有：兩隻毛毛蟲、仕女曲腳、海草等。

ㄏ的直接聯想有：溜滑梯、車棚、樓梯等。

ㄐ的直接聯想有：倒立的椅子、開罐器、瓦斯開關等。

ㄑ的直接聯想有：手扠腰、迴力標、魚嘴巴等。

ㄒ的直接聯想有：竹蜻蜓、桌子、電鑽等。

ㄘ的直接聯想有：水龍頭、雲中的閃電、魚刺等。

ㄩ的直接聯想有：魚缸、量杯、書架等。

ㄣ的直接聯想有：閃電、半蹲、靠背椅子等。

再配合另一個間接聯想語詞，就成了有創意的情境造句。試舉三例學生完整作品如下：

看到	想到	再想到	情境造句
ㄈ	字典	生字	我今天的功課是生字查字典。（吳思彤）
ㄑ	手扠腰	生氣	姐姐手扠腰生氣的罵我。（蔡昀宸）
ㄣ	閃電	打雷	天空先出現了閃電，又過了幾秒再打雷。（吳宜珊）

注音符號的聯想是將抽象的概念具體化，成為練習想像力的好媒介。相同的方法也可以用「英文字母」替代，亦是非常有趣的聯想遊戲。

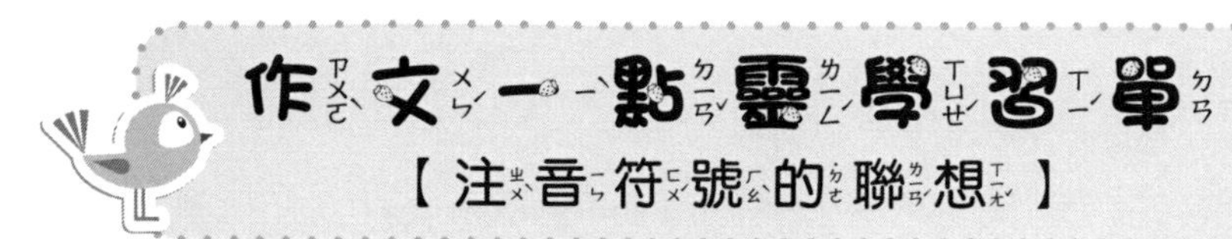

作文一點靈學習單
【注音符號的聯想】

班級：＿＿＿＿年＿＿＿＿班　姓名：＿＿＿＿＿＿

家長簽名：＿＿＿＿＿＿

各位小朋友，注音符號讓你想到什麼？請根據它們的形狀，先具體想出兩個相關的字或詞，再把它們串連起來，在腦子裡想像畫面，造出一個「句子」來，試試看喔！

看到	想到	再想到	情境造句
ㄇ	門	小狗	我看到門內有一隻小狗。
ㄈ			
ㄍ			
ㄎ			

ㄏ			
ㄐ			
ㄑ			
ㄒ			
ㄘ			
ㄕ			
ㄚ			
ㄣ			
ㄨ			
ㄩ			

三、圖形的聯想

例用簡單的線條所構成的圖形，雖然外形簡樸，內容卻是變化多端，是讓小朋友馳騁想像力的絕佳來源。

學習單設計隨意取大約八個圖形，先讓小朋友練習在腦子裡想像畫面，再試著用一個語詞表示，最後根據前面的訊息造出一個完整的句子。

學生的練習成果有：

☺：好心情、開心氣球、印章等。

☹：生氣、傷心、爺爺等。

□：積木、骰子、吐司等。

◎：甜甜圈、飛盤、相機鏡頭等。

▽：小鳥嘴巴、標示牌、御飯糰等。

→：箭、單行道、出口方向等。

Ω：耳機、髮箍、媽媽的髮型等。

〒：郵筒、電線桿、馬路等。

試舉三例學生完整作品如下：

看到	想到	情境造句
☹	生氣	今天的誤會讓他非常的生氣。（吳珮慈）
▽	小鳥嘴巴	小鳥的嘴巴尖尖的，看起來好可愛。（鄭家欣）
〒	郵筒	郵局前面有一個大大的郵筒。（林玉菁）

圖形聯想的取材同質性不能太高，否則想像力容易受限；而老師的練習引導也不能太詳細，否則學生作品容易被老師的意念框住。

作文一點靈學習單

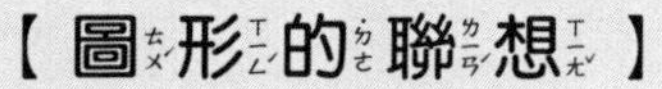

班級：＿＿＿＿年＿＿＿＿班　姓名：＿＿＿＿＿＿

家長簽名：＿＿＿＿＿＿＿＿

各位小朋友，這些圖形讓你想到什麼？請把它寫下來，並在腦子裡想像畫面，造出一個「句子」來，試試看喔！

看到	想到	情境造句
☺		
☹		
□		
◎		
▽		
→		

Ω		
〒		
☉		
♀		
♂		
╬		

四、情境的聯想

有了前面數字、圖形的想像力基礎，接下來把聯想力帶入文字，用「故事接寫」的方式完成一篇短文，讓小朋友想像力的運用方式更加活潑。

學習單可以先設計一個情境，讓小朋友順著情境在腦海裡留下深刻印象，再結合自己過去的經驗或無窮的想像力，去完成下面三個問題：

問題一：有一天清晨，我因為起床太晚，匆匆忙忙趕去上學，走到半路，忽然發現回家功課竟然忘了帶……。

☼學生回答一：馬上跑回家拿，找了好久還是沒找到，結果到了學校，發現功課竟然在書包裡。（林珈羽）

☼學生回答二：就跑回家拿，結果就遲到了。所以不論選擇哪個做法，都還是會被處罰，在睡覺以前，要先檢查書包，才不會忘記帶。（吳珮慈）

問題二：我們穿越時光隧道，來到一個充滿奇異的未來世界，你看到什麼……。

☼學生回答一：我看到一輛車在天空飛；人在海底不用佩戴或乘坐任何的東西就可以住在那裡一年；人、動物和

物品可以隨意飄浮在半空中；還有會煮飯、打果汁、做家事的機器人；所有的動物都可以跟人對話。（陳芝叡）

☼學生回答二：看到了人在海裡走路，汽車會飛，火箭書包，把我和同學小美嚇了一跳。到了學校，我把我們的心得分享給同學、老師，全班也都嚇了一跳。（吳宜珊）

問題三：如果我只剩下一個月的生命，我想要……。

☼學生回答一：去爬臺灣最高的山；享受所有的美食；去小人國、六福村、劍湖山玩；要將我剩下的錢捐贈一台救護車，讓我的愛能遺留人間。（吳思彤）

☼學生回答二：去和我的家人聊天聊一整夜；和他們去爬山；還要出國去玩；把我所有的玩具全部都送出去；幫忙做家事，彌補我的家人。（謝育祐）

情境聯想是根據學生的舊經驗，去觸發對未來或未知情況的想像力，並透過文字詳細描寫出來，有小短文「接寫」的練習效果。

班級：＿＿＿＿年＿＿＿＿班　姓名：＿＿＿＿＿＿
家長簽名：＿＿＿＿＿＿

各位小朋友，下面列有一些問題，請利用自己的聯想力去完成它。每件事情都只描寫開頭，事情的過程和結果用文字接下去，試試看喔！

問題一：有一天早晨，我因為起床太晚了，所以匆匆忙忙趕去上學，走到半路，忽然發現回家功課竟然忘了帶……

＿＿＿＿＿＿＿＿＿＿＿＿＿＿＿＿＿＿＿＿

＿＿＿＿＿＿＿＿＿＿＿＿＿＿＿＿＿＿＿＿

＿＿＿＿＿＿＿＿＿＿＿＿＿＿＿＿＿＿＿＿

問題二：我們穿越了時光隧道，來到未來世界中，你看到什麼……

＿＿＿＿＿＿＿＿＿＿＿＿＿＿＿＿＿＿＿＿

＿＿＿＿＿＿＿＿＿＿＿＿＿＿＿＿＿＿＿＿

＿＿＿＿＿＿＿＿＿＿＿＿＿＿＿＿＿＿＿＿

問題三：如果我只剩下一星期的生命，我要……

問題四：如果我當了老師，我想怎麼教育我的學生……

問題五：我是一位剛上任的自治小市長，我會如何組織我的團隊……

問題六：現代人缺乏公德心，改變從自己開始，我會……

五、聯想力的理論基礎

前面幾項聯想力的練習，都是寫文章的前置作業，有了豐富的想像力，自然容易寫出優秀的作品，而作文在聯想力方面的理論基礎，大致可分為四大類：

一、接近聯想：為具體的事物聯想，事物的觀念愈接近，愈容易聯想。

（一）時間的接近聯想：

☼教師佈題：「一張相片」

☼學生作品：去年在整理房間時，忽然看到一張已經泛黃的相片，看見這張照片讓我回想起好久不見的同學，也回想起和她們相處的時光，讓我不禁流下眼淚。（蔡昀芳）

（二）空間的接近聯想：

☼教師佈題：「我的學校」

☼學生作品：我現在就讀彌陀國小，它是一所美麗的學校，有一個圓形花園、橢圓形的大操場、長方形的活動中心，以及一排排的教室和遊樂器材區。在這個校園中，歡笑聲此起彼落，是我最喜歡的學校。（鮑柔安）

二、類似聯想：亦較具體，就是把類似的事物加以比較，找出它們特別的地方，容易喚起聯想。

☼教師佈題：「環保小尖兵」

☼學生作品：現代科技發達，卻造成許多汙染，身為地球的一份子，每個人應該當個環保小尖兵，愛護地球，做好環保。（方韡婷）

三、對比聯想：抽象的事理，很難找出屬性和層次時，就要從反面想起。

☼教師佈題：「成功與失敗」

☼學生作品：成功的背後都隱藏著無數次失敗經驗的累積。所以沒有播種，就沒有果實；沒有失敗，就沒有真正的成功。因此，我們應該要認真的做好一件事，即使跌倒了，也要努力的爬起來，才會有成功的一天。（鮑柔安）

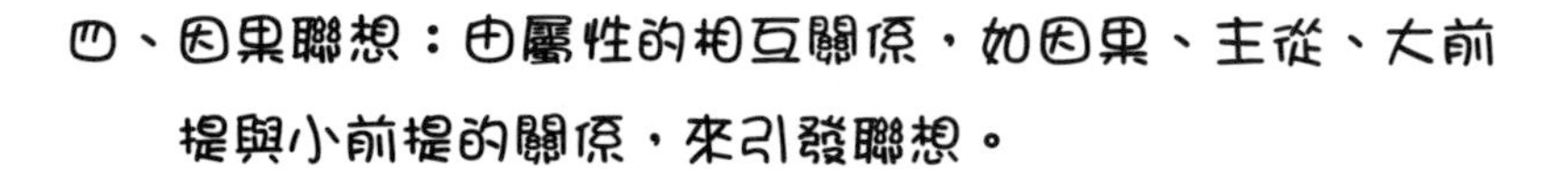

☼教師佈題：「助人快樂多」

☼學生作品：所謂「助人快樂多」，應該可以用「助人為快樂之本」來說明，幫助別人可以解決別人的問題，也可以讓自己的心情變好，這不是一舉兩得嗎？（蔡昀芳）

以聯想力的四種類別佈題，讓學生以短文創作的方式寫出結構完整的短篇文章，有文章「縮寫」的練習效果。

六、聯想力在教學上應注意事項

聯想力應用在教學命題上，要特別注意以下事項：

（一）聯想力絕非空想、幻想，而是有意識引導的活動，一種有軌跡可尋的想像力。

（二）老師的引導要點到為止，不然學生的創作會充滿老師的影子。

（三）教學時要採漸進方式，一次一主題，循序深入，不可躁進。

（四）注意題目的廣度，避免同質性太高的佈題方式。

（五）抽象與具象之間的聯結要仔細推敲、拿捏，過猶不及。

（六）寫作是聯想力馳騁的戰場，如何精準的引導、歸類、剪裁，而非毫無目的的漫遊，是平時練習功力的高度展現。

將聯想力運用在實際作文寫作，不僅可以訓練學生的想像力，更可以舉一反三，讓學生有神來一筆的奇想，這往往是作文一決高下的利基所在，在教學上時時加以引導，將來必有意想不到的收穫。

七、結論

愛因斯坦曾說：「想像力比知識更重要。」世界知名的童話故事，都是充份發揮想像力的作品，連近年來的《魔戒》、《哈利波特》，也都是想像力的極致表現，擁有一份傲人的想像力，就像上天恩賜的最佳禮物；但天賦難追，訓練可成，透過一連串的啟迪、開發，相信能在各位小朋友的心中都種下一顆顆充滿想像力的小種子，期待日後長成一片片高峻挺拔的巨森林。

第二招
作文彩妝師——摹寫

在文章裡，將我們對事物的主觀感覺，透過身體感官（如視覺、聽覺、嗅覺、味覺、觸覺）加以細膩觀察、體會後，以具體的方式描寫出來，使讀者產生強烈共鳴，這種修辭方法就叫做「摹寫」。

摹寫的功用是增加對事物描述的鮮明感，使讀者身歷其境，在腦海中印上清晰影像，以提升文章的情境與美感。

一、視覺摹寫

將生活中所看到的人、事、物、景的形狀、顏色、現象等視覺的感受，加以具體描述，並且加入感情，稱為「視覺摹寫」。

在教學上可以用「圖影欣賞」的方式，利用人物、景物及顏色的圖片、影片作為引起動機，加深小朋友的印象及提升學習興趣，並與之討論人物的五官特色、身材差異、衣服款式等；景物的構圖、明度、彩度等。儘量以文字學為主，色彩學為輔，將繪圖技巧融入視覺描述，彷彿自己變成了畫家或攝影師，不同的是將畫作及相片改成文章而已。

學習單的設計可以分成人物、景物及顏色三部分，以先前的圖像為基底，再輔以名家作品的欣賞與仿作，以開拓小朋友的視野。

以下是學生的優良作品：

她的頭髮是金色的，眼睛有一點咖啡色，好像世界上最美麗的天使。（孫佳琳）

雨停了，沒多久，天空出現了一道彩虹。（吳珮慈）

粉紅的蓮花盛開在水藍的湖面上。（謝尚珉）

總之，「視覺摹寫」有生色的作用，讓文章看起來色彩斑斕，充滿美感喔！

作文一點靈學習單

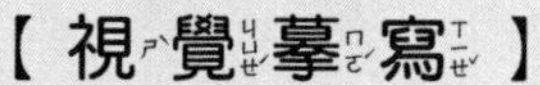

班級：＿＿＿＿年＿＿＿＿班　姓名：＿＿＿＿＿＿

家長簽名：＿＿＿＿＿＿＿＿

　　將生活中所看到的人、事、物、景的形狀、顏色、現象等視覺的感受，加以具體描述，並且加入感情，就是「視覺摹寫」。小朋友，準備好了嗎？一起接受視覺感官訓練吧！

一、人物摹寫：

範例：他的額頭寬寬的，眼睛大大的，一副很聰明的樣子。

造句：

＿＿＿＿＿＿＿＿＿＿＿＿＿＿＿＿＿＿＿＿＿＿＿＿

＿＿＿＿＿＿＿＿＿＿＿＿＿＿＿＿＿＿＿＿＿＿＿＿

二、景物摹寫：

範例：下雪了，沒多久，大地就變成一片銀白色了。

造句：

___

___

三、顏色摹寫：

範例：雪白的油桐花點綴著青綠的山林。

造句：

___

___

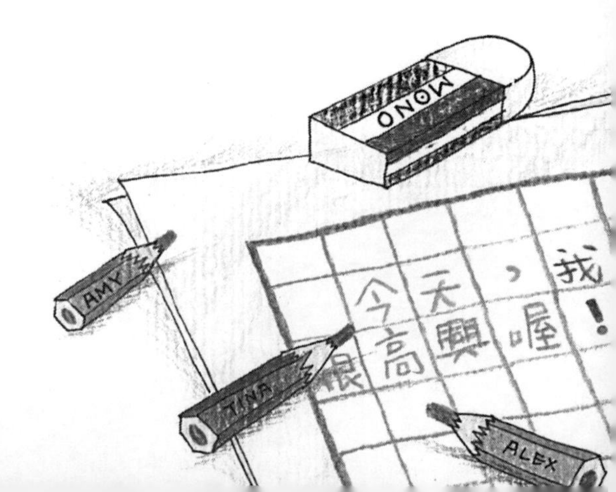

二、聽覺摹寫

把耳朵所聽到的各種不同的聲音，透過作者親身的感受，加以真實的描述，使內容生動活潑，稱為「聽覺摹寫」。

在教學上可以來一次「音樂的饗宴」，用音樂專輯《森林狂想曲》當作引起動機，讓小朋友閉目再三聆聽，試著找出樂曲裡的蟲鳴鳥叫聲，再以此為引子，導入「狀聲詞」。

動物或昆蟲的狀聲詞很多，譬如：啾啾的鳥叫聲、唧唧的蟬聲、嘓嘓的青蛙叫聲……等；再延伸到其它大自然或人為的狀聲詞，例如：沙沙的風聲、嘩啦的雨聲、錚錚的鋼琴聲……等，這些都可以和小朋友互相討論；最後再請人上台用「口技」模擬各種聲音，會有更好的效果（笑果）。

學習單的設計可用上述的音樂欣賞開頭，記錄所聽到的聲音；其次用「狀聲詞」延伸練習；最後欣賞名家作品，並以仿作結尾。

以下是學生的優良作品：

姐姐看到她喜歡的人，心就「撲通撲通」的跳。
（張書瑄）

同學「啊！」的大叫了一聲，本來以為是蟑螂，結果是可愛的小老鼠。（梁孟溹）

「吱吱喳喳！吱吱喳喳！」麻雀在早晨為我們唱一首清脆的交響曲。（陳芝叡）

總之，「聽覺摹寫」有美聲的作用，讓文章聽起來音符躍動，充滿律動感喔！

作文一點靈學習單

班級：＿＿＿＿年＿＿＿＿班　姓名：＿＿＿＿＿＿

家長簽名：＿＿＿＿＿＿

把耳朵所聽到的各種不同的聲音，透過作者親身的感受，加以真實的描述，使內容生動活潑，就是「聽覺摹寫」。小朋友，準備好了嗎？一起接受聽覺感官訓練吧！

一、模擬你聽過的動物或昆蟲叫聲，並把牠們寫下來：

＿＿＿＿＿＿＿＿＿＿＿＿＿＿＿＿＿＿＿＿

＿＿＿＿＿＿＿＿＿＿＿＿＿＿＿＿＿＿＿＿

＿＿＿＿＿＿＿＿＿＿＿＿＿＿＿＿＿＿＿＿

＿＿＿＿＿＿＿＿＿＿＿＿＿＿＿＿＿＿＿＿

二、連連看，選出下面狀聲詞配對：

河水●	●蕭蕭	爆裂聲●	●吱吱喳喳
青蛙●	●潺潺	雷聲●	●嗶嗶剝剝
蟬●	●錚錚	心跳聲●	●轟隆轟隆
落葉●	●嘓嘓	痲雀●	●淅瀝淅瀝
鋼琴●	●唧唧	小雨聲●	●撲通撲通

三、造句練習：

範例1：「嘩啦！嘩啦！」天空下起雨來了！

範例2：「噹！噹！」下課了，我要去操場打球。

範例3：冬天來了，北風「呼呼」的吹，好冷喔！

造ㄗㄠˋ句ㄐㄩˋ1：

造ㄗㄠˋ句ㄐㄩˋ2：

造ㄗㄠˋ句ㄐㄩˋ3：

三、嗅覺摹寫

用鼻子聞到的味道，大概有香的、臭的、刺鼻的或是腥味等，稱為「嗅覺摹寫」。

在教學上可以設計一次「午餐的約會」，利用午餐時間，將食物一一分開盛裝，再分別聞一聞香味，嚐一嚐味道，這是嗅覺與味覺的雙重饗宴。再與小朋友討論他們所聞過的香味，如廚房的飯菜香、大人的香水味、文具或卡片的特殊香味等，以加強「嗅覺記憶」。

學習單的設計可以結合學校的午餐食譜，列出主食（飯或麵）、菜色一（肉類）、菜色二、菜色三與湯等，以小朋友先備經驗為基礎敘寫，不用要求太過精準；再來可以設計「花香」、「草香」單元，甚至聞了令人作嘔的「煙味」、「腐味」等，有更多元性的嗅覺體驗。

以下是學生的優良作品：

走過花園，香味四處飄散，彷彿在人間仙境。（張青貽）

從花園經過，陣陣的花香撲鼻而來，令我精神百倍。（劉珀君）

爸爸帶我到海邊散步，魚腥味很重，真是恐怖！（張淳裕）

總之，「嗅覺摹寫」有溢香的作用，讓文章聞起來香味瀰漫，充滿精神喔！

作文一點靈學習單

【嗅覺摹寫】

班級：＿＿＿＿年＿＿＿＿班　姓名：＿＿＿＿＿＿

家長簽名：＿＿＿＿＿＿

用鼻子聞到的味道，大概有香的、臭的、刺鼻的或是腥味的等，就是「嗅覺摹寫」。小朋友，準備好了嗎？一起接受嗅覺感官訓練吧！

一、我是阿基師：請將今天的午餐菜色細細品嚐，並加以記錄。

菜色	主食	菜色一	菜色二	菜色三	湯
名稱	米飯				
香味感受	清香				

二、花香花語：猜猜看，下列五種花香各代表什麼意義？

玫瑰花● ●清淨、高潔、真情

鬱金香● ●母親我愛您、熱情、真情

百合花● ●順利、祝福、高貴

康乃馨● ●愛的表白、榮譽、祝福永恆

菊　花● ●愛情、愛與美、容光煥發

三、造句練習：

範例1：媽媽的拿手好湯「玉米濃湯」讓整間廚房充滿濃濃的奶油香味。

範例2：民宿主人將草莓入菜，香味四溢，令人食指大動。

範例3：我從垃圾車旁走過，臭味撲鼻，真是難受。

造ㄗㄠˋ句ㄐㄩˋ1：

造ㄗㄠˋ句ㄐㄩˋ2：

四、味覺摹寫

把食物的味道具體描述出來，通常食物的味道有酸、甜、苦、辣、鹹等，稱為「味覺摹寫」。

在教學上除了可以結合上述的嗅覺經驗，以「午餐的約會」呈現，一舉兩得外，也可品一次「水果大餐」。

用當季水果三到五種，切小塊擺盤，第一輪一次嚐一片，並將感覺記錄下來。第二輪採矇眼方式，猜一猜所嚐的是什麼水果，以加深印象。

學習單的設計可以配合記錄水果名稱，品嚐經驗及矇眼時的味蕾挑動，將味覺體驗帶入日常生活中。

以下是學生的優良作品：

今天的晚餐吃泰國菜，真的是又酸又辣。（吳宇倫）

弟弟在吃飯的時候，不小心吃到了辣辣的辣椒，就哭出來了。（葉姵雅）

妹妹發燒了，吃了一包藥，還好配了甜甜的糖果，不然眼淚都快流出來了呢！（吳宜珊）

總之，「味覺摹寫」有提味的作用，讓文章嚐起來濃郁可口，充滿滋味喔！

作文一點靈學習單
【味覺摹寫】

班級：＿＿＿＿年＿＿＿＿班　姓名：＿＿＿＿＿＿

家長簽名：＿＿＿＿＿＿

把食物的味道具體描述出來，通常食物的味道有酸、甜、苦、辣、鹹等，就是「味覺摹寫」。小朋友，準備好了嗎？一起接受味覺感官訓練吧！

一、我是阿萬師：請記錄五種水果，並寫出品嚐感受。

	水果一	水果二	水果三	水果四	水果五
水果名稱	奇異果				
品嚐感受	酸中帶甜				

二、想想看，試著描寫你吃過最特別東西的味道？

食物名稱：

味道描寫：

三、造句練習：

範例1：酸酸的橘子，有誰敢吃呢！

範例2：弟弟感冒了，吃了一包很苦的藥，都快哭出來了。

範例3：澎湖的風，帶著一股鹹鹹的味道。

造句1：

造句2：

五、觸覺摹寫

把皮膚、身體表面或用手觸摸到的感覺，加以形容描述，使人有「感同身受」的感覺，稱為「觸覺摹寫」。

學習單的設計可以用「花園」或「草地」為主題，將觸覺感受擺第一，再輔以其以四覺，做一次感覺統合大體驗。

以下是學生的優良作品：

在冷冷的冬天泡溫泉，是最舒服的事。（詹佑妹）

柔軟的草地，好像一張床。（林綵羚）

冬天時，好冷！我趕快穿上衣服。（莫沁馨）

總之，「觸覺摹寫」有觸感的作用，讓文章體驗起來深刻細膩，充滿感動喔！

作文一點靈學習單

【觸覺摹寫】

班級：＿＿＿＿年＿＿＿＿班　姓名：＿＿＿＿＿＿

家長簽名：＿＿＿＿＿＿

把食物的味道具體描述出來，通常食物的味道有酸、甜、苦、辣、鹹等，就是「味覺摹寫」。小朋友，準備好了嗎？一起接受味覺感官訓練吧！

一、校園巡禮：帶領小朋友巡視校園，摸摸花草、抱抱樹木、曬曬太陽、吹吹涼風，並記錄下來你的真實感受。

項目	感受
摸摸花草	
抱抱樹木	
曬曬太陽	
吹吹涼風	

二、照樣寫短語：

（一）柔軟的棉被→

（二）溼淋淋的天氣→

（三）清涼的風輕輕吹過草原→

三、造句練習：

範例1：這條滑溜溜的魚，我抓都抓不住。

範例2：炎炎夏日，坐在大樹下乘涼，真愜意。

範例3：烈日把我的頭烤得發燙，我覺得頭髮快燃燒起來了。

造句1：

____

____

造句2：

____

____

六、綜合摹寫

在教學上可以設計一趟「校園巡禮」，來個綜合大體驗。

先到學校「花園」，觀察植物的生長狀況、花朵顏色（視覺）、聞聞葉片或花香（嗅覺）、聽聽蟲鳴或蜜蜂鼓動翅膀的聲音（聽覺），甚至環手抱抱大樹、赤足踩踩泥土（觸覺）。

最後躺在操場的綠草地上，仰望藍藍的天空（視覺），聽聽鳥叫聲或風聲（聽覺），聞聞草香（嗅覺），感覺一下軟軟的草地與清涼的微風（觸覺），再一人發一顆酸梅含在嘴裡，既可幫助消化，又能挑動味蕾（味覺），一舉數得。

作文一點靈學習單

【綜合摹寫】

班級：＿＿＿＿年＿＿＿＿班　姓名：＿＿＿＿＿＿

家長簽名：＿＿＿＿＿＿

試著躺（坐）在操場的草皮上，放鬆心情，看看藍藍的天、高高的樹、綠綠的草；聽聽蟲鳴、鳥叫或風吹過樹梢的聲音；聞聞花香、草香；嚐嚐酸梅的滋味；感覺微風輕拂臉龐或滑過身體的觸動。此刻記得完全打開身體的五種感覺（視、聽、嗅、味、觸），並詳細記錄下來。（註：一人發一顆酸梅）

一、把你的真實感受具體寫下來：

	真實感受
視覺摹寫	
聽覺摹寫	
嗅覺摹寫	
味覺摹寫	
觸覺摹寫	

二、造句練習：（請根據你前面的真實感受造句）

造句1：（視覺摹寫）

____

____

造句2：（聽覺摹寫）

____

____

造句3：（嗅覺摹寫）

造句4：（味覺摹寫）

造句5：（觸覺摹寫）

三、小短文練習：（請試著用上述二種以上的摹寫法創作一篇小短文）

七、摹寫在教學上應注意要點

將摹寫技巧運用在實際教學上，要特別注意以下要點：

（一）大自然是最好的老師，一切設計都要以它為主軸。
（二）動態摹寫比靜態摹寫更具說服力。
（三）不要侷限單一摹寫使用，可以層次性、綜合性活用。
（四）具體呈現，讓讀者留下深刻印象。
（五）將作者的心境融入。
（六）搭配其他修辭學一起使用。

摹寫在作文教學上運用十分廣泛，重要性已經可以獨立於「修辭學」外而成為一項重要寫作技巧，將摹寫技巧學好，在作文的內容深度方面必能增強，是得分一大要訣。

八、結論

摹寫其實就是：試著讓自己的眼睛當「攝影師」，把文字當作調色盤；自己的耳朵當「錄音師」，挑剔字裡行間的音感；自己的鼻子當「好鼻師」，行文中擁有傲人的嗅覺記憶；自己的舌頭當「阿基師」，能細辨文句中的特殊味蕾；自己的皮膚當「皮膚科醫師」，用文字表達各種肌膚觸覺的敏感度。

如此五覺並用，互為表裡，就能成為文字的彩妝師，讓文章更有可看性。

第三招
作文藝術師——修辭

「修辭學」是作文裡最重要的加分元素之一，它的功用就像菜餚裡的調味料一樣，是學習作文不可或缺的一環，也是提升語文能力的不二法門，好好練習，作文肯定會增色不少。

在實際教學運用上，老師可以先佈題，搭配圖片、影片或小遊戲引起動機，再援引實例讓學生充份了解後，繼而讓學生實作，最後一一訂定後分享回饋，以收事半功倍之效。

一、譬喻法

我們在日常生活中，常會用形象比較具體、易懂的一種事物或情境，來說明形象比較抽象、難懂的另一種事物或情境，也就是我們常說的「比喻」或「打比方」。一般常用的譬喻法可分為：

一、明喻：運用「甲像乙」的句型來做比喻，而甲就是要說明的主體，乙就是用來比方的對象。

☼學生習作：從山頂俯瞰高雄平原，田園就像一塊塊的方塊酥。（易韋廷）

二、暗喻（隱喻）：運用「甲是乙」的句型來做比喻，不像「明喻法」那麼直接，而是在句子裡隱藏比喻的痕跡。

☼學生習作：西瓜是地上的綠棋子，菜花是瓜園裡的美人。（李妙芸）

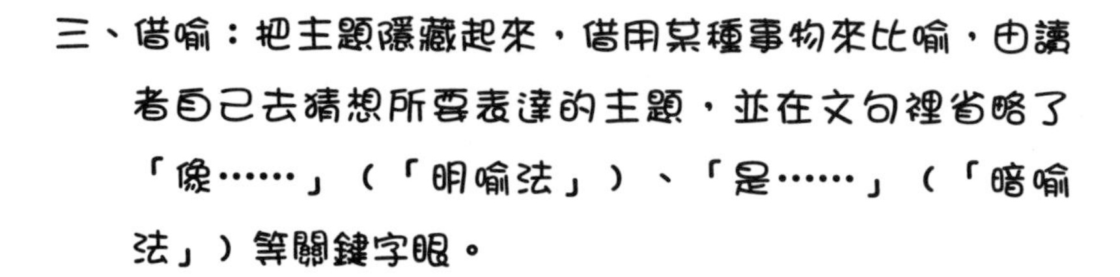
三、借喻：把主題隱藏起來，借用某種事物來比喻，由讀者自己去猜想所要表達的主題，並在文句裡省略了「像……」（「明喻法」）、「是……」（「暗喻法」）等關鍵字眼。

☼學生習作：天空有一道七彩的橋和一顆大火球。（侯千喻）（其中「七彩的橋」指的是彩虹；「大火球」指的是太陽。）

「譬喻法」是寫作時最常用的修辭學方法之一，在教學的應用上，可用學童切身或認知的人、事、物命題，如家人、四季、文具用品等，讓他們有初步認識後，再進行創作，就能發揮很好的效果。

作文一點靈學習單

班級：＿＿＿＿年＿＿＿＿班　姓名：＿＿＿＿＿＿

家長簽名：＿＿＿＿＿＿

我們在日常生活中，常會用形象比較具體、易懂的一種事物或情境，來說明形象比較抽象、難懂的另一種事物或情境，也就是我們常說的「比喻」或「打比方」，就是「譬喻法」。

一、明喻：運用「甲像乙」的句型來做比喻，而甲就是要說明的主體，乙就是用來比方的對象。

範例：太陽像顆大紅球，慢慢的從海平面升起。

造句：＿＿＿＿＿＿＿＿＿＿＿＿＿＿＿＿＿＿＿＿

＿＿＿＿＿＿＿＿＿＿＿＿＿＿＿＿＿＿＿＿＿＿＿＿

二、暗喻（隱喻）：運用「甲是乙」的句型來做比喻，不像「明喻法」那麼明顯、直接，而是在句子裡隱藏著比喻的痕跡。

範例：時間是甘美的果汁，生命是五月和悅的南風。

造句：＿＿＿＿＿＿＿＿＿＿＿＿＿＿＿＿＿＿＿＿＿＿＿＿＿＿

＿＿＿＿＿＿＿＿＿＿＿＿＿＿＿＿＿＿＿＿＿＿＿＿＿＿＿＿＿＿

三、借喻：把詩的主題隱藏起來，借用某種事物來比喻，由讀者自己去猜想所要表達的主題，並在詩句裡省略了「像……」（「明喻法」）、「是……」（「暗喻法」）等關鍵字眼。

範例：撒了滿天的珍珠和一枚又大又亮的銀幣。（指夜晚的星星和月亮）

造句：＿＿＿＿＿＿＿＿＿＿＿＿＿＿＿＿＿＿＿＿＿＿＿＿＿＿

＿＿＿＿＿＿＿＿＿＿＿＿＿＿＿＿＿＿＿＿＿＿＿＿＿＿＿＿＿＿

二、轉化法

文章中，將描寫對象的人或物，轉換它原來的本性，擬化成另一種與原來本性完全不相同的物或人，這種修辭方法稱為轉化，又稱為「比擬」。一般常用的轉化法可分為：

一、擬人（將物擬人）：把沒有生命的東西，或人以外的動物或植物，說成和人相同，具有人的動作或情感。

☼學生習作：向日葵仰著小臉，迎向和煦的陽光。（陳芝叡）

二、擬物（將人擬物或將物擬物）：把人或物，說成具有物一般的特性。

（一）「將人擬物」的學生習作：弟弟的肚子像一口水井，他口渴的時候就一直喝水。（林瑾莉）

（二）「將物擬物」的學生習作：哥哥的臭屁像一袋臭掉的起士，我聞到的時候差點昏倒。（李志陽）

三、具體（將虛擬實）：把抽象、空洞的語詞（像快樂、悲傷、興奮、開朗……等等），用具體的事物寫下來，讓讀者比較容易了解並引起共鳴。

☼學生習作：時間就像金錢，常常在不知不覺中花掉它。（蔡昀宸）

「轉化法」也是寫作的重要修辭法，將人或物，甚至虛或實的界限打破，形成一種富含活潑因素的創作形式，可以收到活化筆鋒的驚奇效果。

作文一點靈學習單

【轉化法】

班級：＿＿＿＿年＿＿＿＿班　姓名：＿＿＿＿＿＿

家長簽名：＿＿＿＿＿＿＿

描述一件事物時，轉變它原來性質，成為另一種性質截然不同的事物，就是「轉化法」。

一、擬人（將物擬人）：把沒有生命的東西，或人以外的動物或植物，說成和人相同，具有人的動作、情感。

範例：小松樹高興的揮動雙手，向我打招呼。

造句：＿＿＿＿＿＿＿＿＿＿＿＿＿＿＿＿＿＿＿＿

＿＿＿＿＿＿＿＿＿＿＿＿＿＿＿＿＿＿＿＿＿＿＿

二、擬物（將人擬物或將物擬物）：把人或物，說成具有物一般的特性。

範例一：媽媽的嘴巴，像機關槍一樣，我不乖的時候，就嘰哩呱啦、霹靂叭啦的罵著。

（將人擬物）

造句：＿＿＿＿＿＿＿＿＿＿＿＿＿＿＿＿

＿＿＿＿＿＿＿＿＿＿＿＿＿＿＿＿＿＿＿＿

範例二：我的書房可說是我的城堡，而筆就是我作戰的武器。

（將物擬物）

造句：＿＿＿＿＿＿＿＿＿＿＿＿＿＿＿＿

＿＿＿＿＿＿＿＿＿＿＿＿＿＿＿＿＿＿＿＿

三、具體（將虛擬實）：把抽象、空洞的語詞（像快樂、悲傷、興奮、開朗、感受……等等），用具體的事物寫下來，讓讀者比較容易了解，並引起共鳴。

範例：快樂就是一隻小鳥，在林間高聲唱歌，悠閒自在，翩翩起舞。

造句：＿＿＿＿＿＿＿＿＿＿＿＿＿＿＿＿＿＿＿＿

＿＿＿＿＿＿＿＿＿＿＿＿＿＿＿＿＿＿＿＿＿＿＿＿

三、設問法

講話行文，將平敘的語氣轉變為尋問語氣，以吸引聽眾或讀者的注意。一般常用的設問法可分為：

一、提問（自問自答）：提出問題再回答。

☼學生習作：魚為什麼快樂？因為牠置身寬闊的大海，可以無憂無慮的優遊。（陳芊棋）

二、激問（反問）：提出問題而不直接回答，但答案就在問題的反面。

☼學生習作：沒有陽光，植物可以活下去嗎？（楊文娟）

三、懸問（沒有答案）：提出問題，留給讀者思考、想像的空間。

☼學生習作：如果沒有老師的教導，哪有我今天的成就呢？（楊岱蓉）

「設問法」是寫作時，本來沒有疑問，但為了要讓想表達的意思可以引起讀者的注意，激起讀者閱讀的興趣，所以故意設計問題，來增加文章的吸引力。文章開頭如果使用設問法，可以直接拉近彼此的距離，產生濃濃的親切感。寫作文章時不僅可以在開頭使用設問法，正文或結尾也都可以視情況活用！

作文一點靈學習單

班級：＿＿＿＿年＿＿＿＿班　姓名：＿＿＿＿＿＿

家長簽名：＿＿＿＿＿＿＿

講話行文，將平敘的語氣轉變為尋問語氣，以吸引聽眾或讀者注意，就是「設問法」。

一、提問（自問自答）：提出問題再回答。

範例：鳥為什麼自由？因為他置身寬廣的天空，可以無拘無束的翱翔。

造句：＿＿＿＿＿＿＿＿＿＿＿＿＿＿＿＿＿＿＿＿

＿＿＿＿＿＿＿＿＿＿＿＿＿＿＿＿＿＿＿＿＿＿＿＿

二、激問（反問）：提出問題而不直接回答，但答案就在問題的反面。

範例：沒有了空氣，人可以活下去嗎？

造句：＿＿＿＿＿＿＿＿＿＿＿＿＿＿＿＿＿＿＿＿

＿＿＿＿＿＿＿＿＿＿＿＿＿＿＿＿＿＿＿＿＿＿＿＿

三、懸問（沒有答案）：提出問題，留給讀者思考、想像。

範例：「網路」是現代學習不可或缺的工具之一，你會使用網路資源找資料嗎？

造句：＿＿＿＿＿＿＿＿＿＿＿＿＿＿＿＿＿＿＿＿

＿＿＿＿＿＿＿＿＿＿＿＿＿＿＿＿＿＿＿＿＿＿＿＿

四、引用法

語文中引用別人的話、典故或俗語以增加文章的說服力。一般常用的引用法可分為：

一、明引：明白指出所引的話出自於什麼人。

☼教師佈題：胡適先生說：「要怎麼收穫，先那麼栽。」就是希望我們先努力付出，最後才有收穫的喜悅。

☼學生習作：證嚴法師說：「滴水成河，粒米成籮。」就是積沙成塔，勿以善小而不為的意思。（林馨慈）

二、暗用：引用時沒有指明出處。

☼教師佈題：「樹欲靜而風不止，子欲養而親不待」，所以我們必須即時行孝。

☼學生習作：俗話說：「貧者因書而富，富者因書而貴。」就是說多讀書可以改變氣質，獲得寶貴的知識。（江靜怡）

「引用法」是利用一般人對大眾意見的尊重與對權威的崇拜，來增加自己言論的說服力，達到使人信服的目的。平日閱讀時就可以多加摘記名人佳句，日後寫作遇到相關題材，就可以從自己的記憶寶庫裡提領活用！

作文一點靈學習單
【引用法】

班級：＿＿＿＿年＿＿＿＿班　姓名：＿＿＿＿＿＿

家長簽名：＿＿＿＿＿＿＿

語文中引用別人的話、典故或俗語以增加文章的說服力，就是「引用法」。

一、明引：明白指出所引的話出自於什麼人。

範例一：胡適先生說：「要怎麼收穫，先那麼栽。」就是希望我們先努力付出，最後才有收穫的喜悅。

範例二：孔子說：「己所不欲，勿施於人。」就是希望我們能夠尊重別人。

造句一：＿＿＿＿＿＿＿＿＿＿＿＿＿＿＿＿＿＿＿＿

＿＿＿＿＿＿＿＿＿＿＿＿＿＿＿＿＿＿＿＿＿＿＿＿＿＿

造句二：＿＿＿＿＿＿＿＿＿＿＿＿＿＿＿＿＿＿＿＿

＿＿＿＿＿＿＿＿＿＿＿＿＿＿＿＿＿＿＿＿＿＿＿＿＿＿

二、暗用：引用時沒有指明出處。

範例一：「樹欲靜而風不止，子欲養而親不待」，所以我們必須即時行孝。

範例二：古人說「一諾千金」，就是說明守信的重要。

造句一：＿＿＿＿＿＿＿＿＿＿＿＿＿＿＿＿＿＿＿＿

＿＿＿＿＿＿＿＿＿＿＿＿＿＿＿＿＿＿＿＿＿＿＿＿＿＿

造句二：＿＿＿＿＿＿＿＿＿＿＿＿＿＿＿＿＿＿＿＿

＿＿＿＿＿＿＿＿＿＿＿＿＿＿＿＿＿＿＿＿＿＿＿＿＿＿

五、類疊法

在一個句子裡，重複使用一些字、語詞或語句，使主題更突出，感情更強烈。一般常用的類疊法可分為：

一、疊字：同一個字或語詞連續的重複使用。

☼學生習作：山中的森林裡花花綠綠的，美麗極了。（林冠逸）

二、類字：同一個字或詞彙間隔的重複使用。

☼學生習作：這裡有美麗的花園，有美麗的蝴蝶，有美麗的彩虹。（林雨蓁）

三、疊句：同一個語句連續的重複使用。

☼學生習作：看一下！看一下！我美麗的畫。（陳小君）

四、類句：同一個語句間隔的重複使用。

☼學生習作：再見了，奶奶。再見了，爺爺。再見了，鄉下的所有親人。（陳姿穎）

「類疊法」是將文字意象有秩序、有規律地反覆出現，以達到強調、凸顯重點的目的，特別是對物態、聲情的描摹有意想不到的特殊效果。

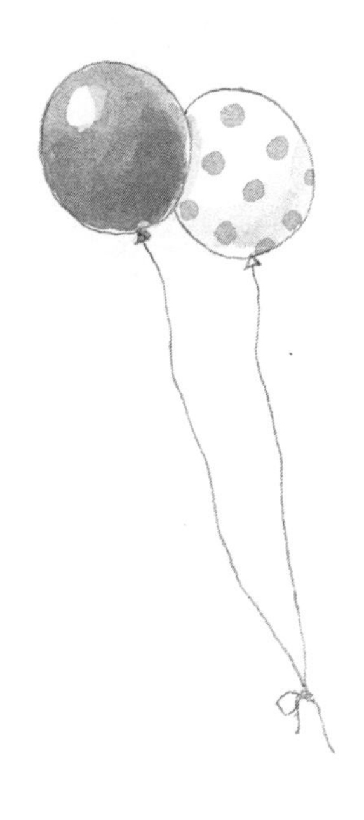

作文一點靈學習單

【類疊法】

班級：________年________班　姓名：________

家長簽名：________

在一個句子裡，重複使用一些字、語詞或語句，使主題更突出，感情更強烈，就是「類疊法」。

一、疊字：同一個字或語詞連續的重複使用。

範例一：妹妹長得白白淨淨的，真叫人喜歡。

範例二：愛河的河面銀光閃閃。

造句：________________________________

____

二、類字：同一個字或詞彙間隔的重複使用。

範例一：無論男女、無論宗教、無論種族、無論年齡，在法律上一律平等。

範例二：我永遠記得山中的花草，山中的林木，山中的蟲鳴鳥叫，山中舒暢的空氣。

造句：________________________________

____

三、疊句：同一個語句連續的重複使用。

範例一：等一下！等一下！我東西忘記拿了。

範例二：盼望著！盼望著！東風來了，春天的腳步近了。（朱自清：春）

造句：＿＿＿＿＿＿＿＿＿＿＿＿＿＿＿＿＿＿＿＿

＿＿＿＿＿＿＿＿＿＿＿＿＿＿＿＿＿＿＿＿＿＿＿＿

四、類句：同一個語句間隔的重複使用。

範例一：靠近一點，你可以再靠近一點。（化粧品廣告）

範例二：別了，我的母校。別了，我的老師。別了，我親愛的同學。

造句：＿＿＿＿＿＿＿＿＿＿＿＿＿＿＿＿＿＿＿＿

＿＿＿＿＿＿＿＿＿＿＿＿＿＿＿＿＿＿＿＿＿＿＿＿

六、感嘆法

藉由各種嘆詞、助詞來強調情感的抒發和思想的表達。一般常用的感嘆法可分為：

一、讚美：表示欣賞、高興或讚嘆，常用啊、哈、嘻、呵、呀等。

☼學生習作：好漂亮！你今天的打扮好亮眼呵！（林妍妮）

二、感傷：表示悲哀、痛苦或失望，常用唉、啊、天啊、噢等。

☼學生習作：啊！太大意了，切蘋果時不小心切到手。（林瑾莉）

三、驚訝：表示害怕、懷疑或恐懼，常用啊、喲、咦、唉唷等。

☼學生習作：咦！你的書包裡怎麼有別人的東西？（張畯翔）

四、憤怒：表示生氣、不滿或嘲笑，常用呸、哼、噓、嘿嘿等。

☼學生習作：嘿嘿！我考了一百分，是不是很厲害？（楊昱庭）

「感嘆法」是把內心情感的聲音描寫出來，多用於感情強烈，必須一吐為快的時候，不可硬性添加，否則會得到反效果，失去了感人的目的。

作文一點靈學習單

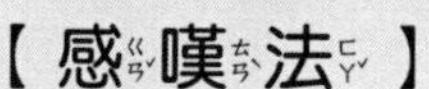

班級：＿＿＿＿年＿＿＿＿班　姓名：＿＿＿＿＿＿

家長簽名：＿＿＿＿＿＿＿＿

藉由各種嘆詞、助詞來強調情感的抒發和思想的表達，就是「感嘆法」。

一、讚美：表示欣賞、高興或讚嘆，常用啊、哈、嘻、呵、呀等。

範例：好熱鬧！今天是什麼日子呀！

造句：＿＿＿＿＿＿＿＿＿＿＿＿＿＿＿＿＿＿＿＿

＿＿＿＿＿＿＿＿＿＿＿＿＿＿＿＿＿＿＿＿＿＿＿＿

二、感傷：表示悲哀、痛苦或失望，常用唉、啊、天啊、噢等。

範例：唉！太粗心了，數學被扣十分。

造句：＿＿＿＿＿＿＿＿＿＿＿＿＿＿＿＿＿＿＿＿＿＿＿＿＿＿＿＿＿＿

＿＿＿＿＿＿＿＿＿＿＿＿＿＿＿＿＿＿＿＿＿＿＿＿＿＿＿＿＿＿＿＿＿＿＿

三、驚訝：表示害怕、懷疑或恐懼，常用啊、喲、咦、唉唷等。

範例：咦！今年冬天，臺灣竟然下雪了。

造句：＿＿＿＿＿＿＿＿＿＿＿＿＿＿＿＿＿＿＿＿＿＿＿＿＿＿＿＿＿＿

＿＿＿＿＿＿＿＿＿＿＿＿＿＿＿＿＿＿＿＿＿＿＿＿＿＿＿＿＿＿＿＿＿＿＿

四、憤怒：表示生氣、不滿或嘲笑，常用呸、哼、噓、嘿嘿等。

範例：喂！打籃球是打球，可不是打人的。

造句：＿＿＿＿＿＿＿＿＿＿＿＿＿＿＿＿＿＿＿＿

＿＿＿＿＿＿＿＿＿＿＿＿＿＿＿＿＿＿＿＿＿＿＿＿

七、誇飾法

利用誇大或縮小人或是事物原來的樣子，達到文章吸引讀者的目的。一般常用的誇飾法可分為：

一、誇大：把時、空放大來寫。

☼教師佈題：黃河水掀起了萬丈巨浪。
☼學生習作：媽媽的頭髮，像長城一樣長。（吳郁涵）

二、縮小：把時、空縮小來寫。

☼教師佈題：幾十年，幾百年的時間一轉眼就過去了。
☼學生習作：天空的月亮，彷彿只要一伸手就能抓住它。（劉宇哲）

「誇飾法」就是把所要描寫人、事、物的特點，超過客觀事實，誇大或縮小好幾倍，來吸引讀者的注意，以製造「語出驚人」的效果，讓文章更有看頭。

作文一點靈學習單
【誇飾法】

班級：＿＿＿＿年＿＿＿＿班　姓名：＿＿＿＿＿＿
家長簽名：＿＿＿＿＿＿

利用誇大或縮小人或是事物原來的樣子，達到文章吸引讀者的目的，就是「誇飾法」。

一、誇大法：把時、空放大來寫。

範例一：黃河水掀起了萬丈巨浪。
範例二：教室安靜極了，連一根針掉到地上都聽得清楚。

造句一：＿＿＿＿＿＿＿＿＿＿＿＿＿＿＿＿＿＿＿＿

＿＿＿＿＿＿＿＿＿＿＿＿＿＿＿＿＿＿＿＿＿＿＿＿＿

造句二：＿＿＿＿＿＿＿＿＿＿＿＿＿＿＿＿＿＿＿＿

＿＿＿＿＿＿＿＿＿＿＿＿＿＿＿＿＿＿＿＿＿＿＿＿＿

二、縮小法：把時、空縮小來寫。

範例一：幾十年，幾百年的時間一轉眼就過去了。

範例二：她說話的聲音就像蚊子一樣細小。

造句一：________________

____

造句二：________________

____

八、映襯法

把兩種不同，特別是相反的觀念或是事實，對列起來，使語氣增強或使意義更明顯。

一、反襯：對同一種事物，用與此事物現象或本質相反的語詞形容、描寫。

☼教師佈題：當我跑完八百公尺，滿頭大汗，氣喘噓噓，內心卻充滿無比的成就感！

☼學生習作：爸爸唱的「小星星」，雖然只是一首兒歌，它在我心裡卻充滿了回憶。（楊文娟）

二、對襯：對兩種不同人事物以兩種不同觀點加以形容、描寫。

☼教師佈題：春天來臨，百花盛開；秋天一到，草木卻逐漸凋零。

☼學生習作：都市裡，有許多高樓大廈；鄉下裡，有許多農田和魚塭。（陳桂竹）

三、雙襯：對同一人事物，用兩種不同的的觀點加以形容描寫。

☼教師佈題：我在別人的眼裡是沙子，在父母的心中是珍珠。

☼學生習作：老師的話在不聽話的學生耳裡是空氣；在聽話的學生耳中是鼓勵。（陳芊棋）

「映襯法」是把不同的，特別是相反的現象或事實，對列起來，兩者互相比較，使它的意義更鮮明，印象更強烈，讓文章讀起來更有味道。

作文一點靈學習單
【映襯法】

班級：＿＿＿＿年＿＿＿＿班　姓名：＿＿＿＿＿＿
家長簽名：＿＿＿＿＿＿＿

把兩種不同，特別是相反的觀念或是事實，對列起來，使語氣增強，或使意義更明顯，就是「映襯法」。

一、反襯：對同一種事物，用與此事物現象或本質相反的語詞形容、描寫。

範例一：當我跑完八百公尺，滿頭大汗，氣喘噓噓，內心卻充滿無比的成就感！

範例二：立在城市的飛塵裡，我們是一列憂愁而又快樂的樹。

（張曉風・行道樹）

造句：________________

____

二、對襯：對兩種不同人事物以兩種不同觀點加以形容、描寫。

範例一：春天來臨，百花盛開；秋天一到，草木卻逐漸凋零。

範例二：教室裡，是一張張枯燥的小臉；教室外，是一聲聲歡樂的笑容。

造句：________________

____

三、雙襯：對同一人、事、物，用兩種不同的的觀點加以形容描寫。

範例一：我在別人的眼裡是沙子，在父母的心中是珍珠。

範例二：水是日常生活必需品，又可以使人溺斃，真是可以載舟，也可以覆舟。

造句：______________________________

____

九、層遞法

凡是在語文中，有兩個以上的意象，輕重大小，淺深親疏等比例，在行文時，依序層層遞進，稱為「層遞法」。一般常用的層遞法可分為：

一、前進式：從小到大，從淺到深，從始到終的一種遞升排列。

☼學生習作：晨間，天空湛藍，佈滿一絲絲的白雲；午後，陽光照射，烏雲開始密佈；黃昏，暖暖的陽光已走，卻跑來冷冷的雨滴。（侯千喻）

二、後退式：從大到小，從深到淺，從終到始的一種遞降排列。

☼學生習作：再見了，我美麗的福爾摩沙；再見了，我親愛的高雄；再見了，我親愛的彌陀。（易韋廷）

三、比較式：從數量、程度上加以比較的一種遞進排列。

☼學生習作：知道危險不如避開危險，避開危險不如遠離危險。（林瑾莉）

「層遞法」是一種很有力量的修辭法，作者層層遞接，讀者層層跟隨，心境隨著文章變化，逐漸引人入勝，慢慢進入作者建構的文章世界裡。

作文一點靈學習單

【層遞法】

班級：＿＿＿＿＿年＿＿＿＿＿班　姓名：＿＿＿＿＿＿

家長簽名：＿＿＿＿＿＿

凡是在語文中，有兩個以上的意象，輕重大小，淺深親疏等比例，在行文時，依序層層遞進，就是「層遞法」。

（一）前進式：從小到大，從淺到深，從始到終的一種遞升排列。

範例：一早，天氣驟冷，空中佈滿鉛灰色的陰霾；中午，凜冽的寒風颳了起來，呼呼的颳了一整個下午；黃昏時分，風停了，就下起大雪來。

造句：

（二）後退式：從大到小，從深到淺，從終到始的一種遞降排列。

範例：大學生要追求高深的學識，中學生要追求稍難的學識，小學生要追求基本的學識。

造句：

（三）比較式：從數量、程度上加以比較的一種遞進排列。

範例：知道下棋不如喜好下棋，喜好下棋不如沉醉在棋藝中。

造句：

十、排比法

寫文章時，把三個或三個以上性質相同、結構相似、語氣一致的語句排列在一起，來表達同一個相關的內容，稱為排比法。一般常用的排比法可分為：

一、詞組排比：用結構相似的「詞」，接二連三的表達出同範圍、同性質的意象。

☼學生習作：月初的眉月，初八的弦月，十三日的凸月，十五日的滿月，都代表月球的千變萬化。（劉宇哲）

二、單句排比：用結構相似的「單句」，接二連三的表達出同範圍、同性質的意象。

☼學生習作：月亮在哭泣，河水在哭泣，小魚在哭泣，連我看了也都想哭泣。（林冠逸）

三、複句排比：用結構相似的「複句」，接二連三的表達出同範圍、同性質的意象。

☼學生習作：五月來了，山上的花期到了；五月來了，母親節到了；五月來了，我的生日也到了。（蔡亞庭）

四、段落排比：用結構相似的「段落」，接二連三的表達出同範圍、同性質的意象。例如：

第一段：春天來了，小河醒了，我們……。

第二段：春天來了，大地綠了，我們……。

第三段：春天來了，世界暖了，我們……。

此種修辭法尤其適用於詩歌寫作。

「排比法」就是使所表達的意思明暢透徹，內容活潑清新，意味雋永有力。適當的運用排比法寫作文，能夠達到面面俱到，氣勢磅礡，發揮震懾人心的說服力量。

作文一點靈學習單

【排比法】

班級：＿＿＿＿年＿＿＿＿班　姓名：＿＿＿＿＿＿

家長簽名：＿＿＿＿＿＿

寫文章時，把三個或三個以上性質相同、結構相似、語氣一致的語句排列在一起，來表達同一個相關的內容，就是「排比法」。

一、詞組排比：用結構相似的「詞」，接二連三的表達出同範圍、同性質的意象。

範例：粉紅的桃花，雪白的梨花，嬌豔的海棠花，正笑盈盈的開著。

造句：＿＿＿＿＿＿＿＿＿＿＿＿＿＿＿＿＿＿＿＿

＿＿＿＿＿＿＿＿＿＿＿＿＿＿＿＿＿＿＿＿＿＿＿＿

二、單句排比：用結構相似的「單句」，接二連三的表達出同範圍、同性質的意象。

範例：春風在唱歌，泉水在唱歌，小鳥在唱歌，小孩子也在唱歌。

造句：

三、複句排比：用結構相似的「複句」，接二連三的表達出同範圍、同性質的意象。

範例：看一看，地上的小花一朵朵。
看一看，天上的白雲一朵朵。
看一看，海上的浪花一朵朵。

造句：

四、段落排比：用結構相似的「段落」，接二連三的表達出同範圍、同性質的意象。

第一段：春天一來，小河醒了。我們……

第二段：春天一來，青山綠了。我們……

第三段：春天一來，太陽暖了。我們……

造句：

第一段：

___

第二段：

___

第三段：

___

十一、修辭在教學上應注意細節

修辭法應用在實際教學上，要特別注意以下細節：

（一）譬喻法：比喻時不可以太過類似，例如「足球像排球」（同類屬性太接近）；也不可以太離奇，讓人無法理解，例如「月亮像橘子」（找不到共通點）。

（二）轉化法：譬喻法是利用相似點打比方；轉化法是將要描寫的那個人或物直接轉換屬性，擬化成對方，使文章更活潑，感染力更強。

（三）設問法：可以加深文章語氣，但不可以過度使用，尤其對話，會變成劇本似文章。

（四）引用法：當確定是某人的名言佳句，則直接引用，效果最好；如果不確定，就以「古人說」或「有人說」代替。

（五）類疊法：可以加強語氣與節奏感，但應用上應避免枯燥乏味，重複或勉強使用。

（六）感嘆法：要以真實的情緒為基礎，避免過度感情氾濫而失真。

（七）誇飾法：誇張的語氣必須讓人感到不是事實，卻令人驚嘆，例如「白髮三千丈」，如果說成「白髮三尺長」，就沒有誇大的效果了。

（八）映襯法：對比的事物愈強烈，印象愈鮮明，所得到的效果愈好。

（九）層遞法：要注意各層之間的意思不管是逐漸上升或下降，彼此之間都要有關連性或邏輯性。

（十）排比法：可以增強文章的氣勢，也可以抒發心中的強烈感受，但不要勉強拼湊，不然效果就大打折扣了。

修辭方法在寫作方面要用的不著痕跡，也不要限定只使用一種或二種，只要文意到哪裡，修辭就跟到哪裡，好的修辭會讓評審老師眼睛為之一亮，功力深淺，就看個人平日的練習多少，只要勤加磨鍊，就能練就一身好功夫喔！

十二、結論

修辭法在作文的寫作上佔有一大席地位，兒童作文教學專業作家黃秋芳在《快樂寫作文》提出好作品三大要素：內容、結構與修辭。將「修辭」獨立出來，與文章的「內容」、「結構」三足鼎立，重要性不言而喻。

在寫作時務必將修辭方法自然而然融入文章且不著痕跡，也不用過度拘泥其種類或數量，有助於提升文章質感與鑑別度，是「作文練功坊」最重要的課題，好的修辭運用，必能提高寫作功力，文采隨之飛揚！

突破迷思
——帶著走的作文技藝

在現今國小作文教學上，不管是教育當局或老師，都出現了一些迷思，直接導致第一線的教學老師無所適從（不知如何教），也間接讓原該普及化的作文教學專業化（補習班林立），這裡提供一些個人的剖析與建議。

一、作文教學迷思：現在作文教學環境存在一些迷思，簡述如下：

（一）教育當局的迷思：在九年一貫課程綱要的框架下，七大領域的語文課以中年級為例，一週六堂，但去除英文、閩南語與閱讀課，實際上課節數只有三節，每位老師整學期幾乎都在趕課，哪來多餘時間教作文，這種「既要馬兒好，又要馬兒不吃草」的排課方式，的確不利作文教學。

（二）國語老師的迷思：正因為上國語課已成了趕課的代名詞，加上一學期規定要交四到六篇作文給學校抽查，老師與學生皆視寫作為畏途，交差式的「教與學」怎有學習樂趣可言！

二、作文教學改進策略：在有限的時間下如何突破困境，筆者有以下建議：

（一）把每一課課文都當作作文範本：除了基本的生字、語詞習寫外，可以在每節上課前半段就先教課文結構與段落大意。課文結構可以分結構段（開頭、本論、結尾三大段）與自然段（實際的每一小段），分析課文的結構（如順序法、倒序法、時空交錯法……等），再逐一畫出每段的重點句（關鍵句），以組織成段落大意。

（二）分析內容以強化寫作能力：首先挑出課文中的優美四字語詞（包括成語及其他）、五字語詞（如「收穫滿行囊」）、六字語詞（如「滿招損，謙受益」）……等；其次分析句型（如並列複句、承接複句、遞進複句……）、修辭學（如譬喻法、轉化法、設問法……），進行仿作練習；最後再提醒學生有關作者的寫作中心思想與特殊技巧。（註：上述許多資料在出版社附上的備課用書、補充教具都有，老師可以充分利用。）

有人說：「作文即生活。」日常生活中的便條紙、小組海報製作、甚至電視上的廣告台詞等，都是作文，要將作文視為一種帶著走的技藝，而非課堂上的專業知識，相信在不久的將來，以華文為世界強勢語言的時候到來，試問我們準備好了嗎？

（發表於〈大紀元時報〉「教育園地」版，2012年8月1日）

寫作大師——勤練5功

寫作能力的培養，沒有速成的方法，卻有深耕的招式，如何透過有效的學習模式，達成資優寫作的目的，以下提供五大招式：

第一招：多閱讀

李家同教授在《大量閱讀的重要性》一書中說：「普通常識不可能都來自於課本，一定要大量的閱讀才有助於提升能力。」大量閱讀不僅能提升寫作能力，更進一步將知識內化，成為美化生活的技能，讓人生更加充實、美滿。

第二招：多觀察

台大昆蟲系老師有句名言：「觀察才是王道。」觀察昆蟲如此，寫作更是如此，透過細心觀察生活周遭，用心記錄人生百態，寫出來的文章才會字字充滿濃郁的感情。

第三招：多寫作

作家戈果里曾說：「撰寫的人像畫家不應該停止畫筆一樣，也不應該停止筆頭的。」畫家用畫筆抒發情感，作家則用筆端思考人生，多去記錄自己的生活點滴，是一種反省，也是磨鍊文筆的好機會。

第四招：多鼓勵

過去寫作常被視為一條孤寂的道路，現在科技發達，透過理念相近的社群網站，可以彼此加油打氣，一同成長茁壯，誠如馬克吐溫所說：「鼓勵自己最好的辦法，就是鼓勵別人。」可以把好的文章當作人與人溝通的橋樑，互相鼓勵，一起觸發寫作的靈感。

第五招：多發表

「奇文共欣賞」，即使不是作家，也能將作品發表於網頁，等功力深植後，再向報紙、雜誌，甚至出版書籍等方向邁進，適時培養足夠的挫折容忍度，有助於面對人生不同階段的橫逆，成就一支兼具文學與批判的筆鋒。

如能把握以上五大招式，循序漸進地涵養文學底蘊，並不斷與個人生活經驗結合，與志同道合的朋友切磋，則必能為自己的資優寫作之路，快樂地鋪上一條康莊大道。

（發表於〈大紀元時報〉「教育園地」版，2012年9月12日）

兒童文學12　PG1192

作文一點靈

——小學作文得分三大招

編著／廖文毅
責任編輯／廖妘甄
圖文排版／賴英珍
封面設計／王嵩賀
出版策劃／秀威少年
製作發行／秀威資訊科技股份有限公司
114 台北市內湖區瑞光路76巷65號1樓
電話：+886-2-2796-3638
傳真：+886-2-2796-1377
服務信箱：service@showwe.com.tw
http://www.showwe.com.tw

郵政劃撥／19563868
戶名：秀威資訊科技股份有限公司
展售門市／國家書店【松江門市】
104 台北市中山區松江路209號1樓
電話：+886-2-2518-0207
傳真：+886-2-2518-0778

網路訂購／秀威網路書店：http://www.bodbooks.com.tw
國家網路書店：http://www.govbooks.com.tw
法律顧問／毛國樑　律師

總經銷／聯寶國際文化事業有限公司
221新北市汐止區康寧街169巷27號8樓
電話：+886-2-2695-4083
傳真：+886-2-2695-4087

出版日期／2014年10月　BOD一版　**定價**／180元
ISBN／978-986-5731-10-6

秀威少年
SHOWWE YOUNG

國家圖書館出版品預行編目

作文一點靈 : 小學作文得分三大招 / 廖文毅編著. -- 一版.
-- 臺北市 : 秀威少年, 2014.10
面 ;　公分. -- (少年文學 ; PG1192)
BOD版
ISBN 978-986-5731-10-6 (平裝)

1. 漢語教學 2. 作文 3. 小學教學

523.313　　103017911

讀者回函卡

感謝您購買本書，為提升服務品質，請填妥以下資料，將讀者回函卡直接寄回或傳真本公司，收到您的寶貴意見後，我們會收藏記錄及檢討，謝謝！
如您需要了解本公司最新出版書目、購書優惠或企劃活動，歡迎您上網查詢或下載相關資料：http:// www.showwe.com.tw

您購買的書名：＿＿＿＿＿＿＿＿＿＿＿＿＿＿＿＿＿＿＿＿

出生日期：＿＿＿＿年＿＿＿＿月＿＿＿＿日

學歷：□高中（含）以下　□大專　□研究所（含）以上

職業：□製造業　□金融業　□資訊業　□軍警　□傳播業　□自由業
　　　□服務業　□公務員　□教職　□學生　□家管　□其它＿＿＿

購書地點：□網路書店　□實體書店　□書展　□郵購　□贈閱　□其他

您從何得知本書的消息？
　□網路書店　□實體書店　□網路搜尋　□電子報　□書訊　□雜誌
　□傳播媒體　□親友推薦　□網站推薦　□部落格　□其他＿＿＿＿＿

您對本書的評價：（請填代號　1.非常滿意　2.滿意　3.尚可　4.再改進）
　封面設計＿＿　版面編排＿＿　內容＿＿　文／譯筆＿＿　價格＿＿

讀完書後您覺得：
　□很有收穫　□有收穫　□收穫不多　□沒收穫

對我們的建議：＿＿＿＿＿＿＿＿＿＿＿＿＿＿＿＿＿＿＿＿

＿＿＿＿＿＿＿＿＿＿＿＿＿＿＿＿＿＿＿＿＿＿＿＿＿＿＿＿

＿＿＿＿＿＿＿＿＿＿＿＿＿＿＿＿＿＿＿＿＿＿＿＿＿＿＿＿

＿＿＿＿＿＿＿＿＿＿＿＿＿＿＿＿＿＿＿＿＿＿＿＿＿＿＿＿

請貼
郵票

11466
台北市內湖區瑞光路 76 巷 65 號 1 樓
秀威資訊科技股份有限公司 收
BOD 數位出版事業部

(請沿線對折寄回，謝謝！)

姓　　名：＿＿＿＿＿＿＿＿ 年齡：＿＿＿＿ 性別：□女 □男

郵遞區號：□□□□□

地　　址：＿＿＿＿＿＿＿＿＿＿＿＿＿＿＿＿

聯絡電話：(日)＿＿＿＿＿＿＿＿ (夜)＿＿＿＿＿＿＿＿

E-mail：＿＿＿＿＿＿＿＿＿＿＿＿＿＿＿＿